CW00502136

Freidora sin aceite

Recetas faciles y rapidas de hacer

Yasmina Martinez

Contenido

Introducción

Tiene una freidora de aire: ¿pero no le saca el máximo provecho? Tal vez piense que ocurre demasiado tiempo y energía para cocinar pollos enteros o asados de carne en su freidora de aire favorita.

Quizás debemos conocer mejor esta joya y utilizarla más, ¿le parece? Las freidoras de aire hacen circular aire caliente alrededor de los alimentos y éstos se cocinan casi por arte de magia. Las freidoras de aire son aparatos de cocina que permiten que los alimentos se cocinen mediante la circulación de aire caliente. Esto elimina la necesidad de utilizar aceite o mantequilla, eliminando por completo la grasa y las calorías de la cocina.

Este libro de cocina tiene todo lo que necesita para empezar a hacer una variedad de recetas utilizando su freidora de aire favorita para una variedad de comidas. Aprenda a cocinar con ella, y cuando termine, debería tener un nuevo aprecio por el poder de la fritura de aire. Con este libro todas sus recetas son reproducibles con cualquier modelo que usted tenga.

¿Qué hace que este libro de cocina sea diferente?
Este libro de cocina no es uno de esos libros de recetas genéricas que puede escribir cualquier libro de recetas. Se trata de una guía completa que le ayudará a entender lo que es la fritura al aire y le ofrecerá una variedad de recetas para que comience su viaje hacia una alimentación más saludable.

No importa si eres un principiante o un maestro de la fritura al aire. Este libro tiene algo para todos.
Ayudándole a entender lo básico, y con consejos de cocina de los mejores chefs y restaurantes, esta es la guía de recetas definitiva para los propietarios de la freidora de aire.

Ventajas

La freidora de aire tiene varias ventajas sobre las freidoras tradicionales:

- No necesita añadir aceite al cocinar ni dorar previamente los alimentos. Simplemente corte los alimentos en el tamaño deseado, colóquelos en una cesta o plato y cocínelos. ¡Su comida estará lista en minutos!
- Puede cocinar una comida entera sin necesidad de añadir aceite ni dorarla. De esta manera puede disfrutar de deliciosas comidas con su jugo natural y sus nutrientes.
- No es necesario precalentar. Simplemente añada los alimentos, ajuste el nivel de potencia y el temporizador, ¡y estará listo para empezar a cocinar!

Visión general de la ASADORA DE AIRE Power XL:

- La freidora de aire está diseñado para cocinar cualquier tipo de alimento, incluyendo pollo, pescado, patatas, verduras, etc.
- Sólo tiene que colocar los alimentos en la cesta o el plato, seleccionar el nivel de potencia y el temporizador, ¡y dejar que se cocinen!
- Los 1680 vatios de potencia generan un calor y una cocción uniformes que le permiten preparar una deliciosa comida sin aceite añadido

El revestimiento antiadherente permite una fácil limpieza después de su uso. Basta con pasar un paño húmedo y caliente o aclarar con agua. ¡No quedará ningún residuo graso!

La freidora de aire tiene una función de seguridad de protección contra la sobrecarga para evitar que el aparato se caliente demasiado y se dañe.

A continuación, hemos enumerado algunos de los aspectos más destacados de este increíble libro de cocina:

- Los requisitos dietéticos para aquellos que son vegetarianos o veganos se cubrirán en profundidad. Habrá recetas para todo el mundo.
- Tendrás recetas para cosas como alas de pollo, pechuga de pollo, chuletas de cerdo, filete, filete de pescado, vieiras, verduras y mucho más.
- Aprenderá a cocinar con los secretos de la freidora de aire de algunos de los principales chefs y restaurantes del país. Estas recetas son tan buenas que querrás guardártelas todas para ti.

Por suerte, no habrá ningún problema con esto ya que están todas impresas en este libro de cocina para que cualquiera pueda utilizarlas. Incluso puedes cambiar algunos de los ingredientes en función de tus preferencias y necesidades dietéticas.

Con tanto contenido, este libro de cocina es como ningún otro que haya leído. Estamos seguros de que le encantarán las recetas y de que podrá sacarle más partido a su freidora de aire que antes.

APERITIVOS
Y
SNACKS

Garbanzo asado en seco

Tiempo de preparación: 9 minutos
Tiempo de cocción: 54 minutos
Porciones: 4

Ingredientes
- Lata de 28g. de garbanzos, en conserva
- 2 cucharadas de aceite de oliva
- 1/4 de cucharada de sal
- 1 pizca de pimienta negra

Instrucciones
1. Extiende los garbanzos en una fuente de horno y sécalos con una toalla de papel.
2. Coloque la fuente de horno en la rejilla para pizza de la freidora de aire y seleccione el ajuste de horneado. Ajuste la temperatura a 218°C durante 22 minutos. Pulse el botón de inicio.
3. Mezcle los garbanzos con aceite, sal y pimienta y vuelva a colocarlos en la fuente de horno.
4. Continúe horneando durante 22 minutos más.

Nutrición: Calorías: 105 Grasas: 3,2g Proteínas: 3,5g

Patatas rojas asadas

Tiempo de preparación: 20 minutos
Tiempo de cocción: 60 minutos
Porciones: 6

Ingredientes
- 60 ml de aceite de oliva
- 907 g de patatas
- 5 tomillos frescos
- 1 pizca de sal
- 1 pizca de pimienta de cayena
- 1/2 pimiento rojo dulce

Instrucciones
1. Verter aceite en una fuente de horno y colocar las patatas en ella. Revuelve las patatas hasta que estén bien cubiertas.
2. Espolvorear el tomillo, la sal, la pimienta y el pimiento.
3. Coloque la fuente de horno en la rejilla para pizza de la freidora de aire y seleccione el ajuste de horneado. Ajuste la temperatura a 204°C durante 30 minutos. Pulse el botón de inicio.
4. Cuando el ciclo de cocción haya finalizado, revuelva las patatas para darles la vuelta. Hornee durante 20 minutos más.
5. Dar la vuelta a las patatas una vez más y hornear durante 15 minutos más o hasta que estén uniformemente doradas.
6. Remover una vez más y ajustar los condimentos. Pasar a una fuente y servir.

Nutrición: Calorías: 190 Grasas: 9,3g Proteínas: 3g

Patatas fondeadas

Tiempo de preparación: 19 minutos
Tiempo de cocción: 44 minutos
Porciones: 6

Ingredientes
- 3 patatas russet
- 2 cucharadas de aceite vegetal
- Sal y pimienta molida
- 3 cucharadas de mantequilla
- 4 ramitas de tomillo
- 125ml de caldo de pollo

Instrucciones
1. Corta los extremos de las patatas y pélalas de arriba a abajo para hacerlas cilindros. Divida los cilindros por la mitad para hacer 6 cilindros.
2. Lavar las patatas en un recipiente con agua para eliminar el almidón. Secarlas con una toalla de papel.
3. Cocinar las patatas en aceite en una sartén apta para el horno a fuego medio hasta que estén bien doradas. Sazonar las patatas con sal y pimienta.
4. Con una toalla de papel sostenida con pinzas para secar el aceite de la sartén en las patatas.
5. Añadir la mantequilla y el tomillo a la sartén. Pintar la mantequilla sobre la patata con la ramita de tomillo. Cocinar hasta que la mantequilla se forme y adquiera un color bronceado pálido.
6. Salpimentar si se quiere y añadir el caldo de pollo.
7. Transfiera la sartén a la freidora de aire 360 y colóquela en la rejilla para pizza.
8. Seleccione el ajuste de asado. Ajuste la temperatura a 218°C durante 30 minutos. Pulse el botón de inicio.
9. Si las patatas están tiernas, añada más caldo de pollo y áselas durante 10 minutos más. Sírvalas con la mantequilla restante de la sartén.

Nutrición: Calorías: 239 Grasas: 11g Proteínas: 4g

Col asada

Tiempo de preparación: 18 minutos
Tiempo de cocción: 24 minutos
Porciones: 4

Ingredientes

- 2 cucharadas de aceite de oliva
- 1/2 cabeza de col
- 1 pizca de ajo en polvo
- 1 pizca de escamas de pimiento rojo
- 1 pizca de sal
- 2 zumo de limón

Instrucciones

1. Partir la col por la mitad y pincelar cada gajo con aceite de oliva.
2. Unte la col con aceite de oliva y luego espolvoree ajo en polvo, escamas de pimienta, sal y pimienta.
3. Coloque la col en la bandeja de horno y coloque la bandeja de horno en la bandeja de pizza en la posición 2.
4. Seleccione el ajuste de asado en la freidora de aire y ajuste la temperatura a 232°C durante 15 minutos. Pulse el botón de inicio.
5. Exprime el limón sobre el repollo y sirve.

Nutrición: Calorías: 99 Grasas: 7g Proteínas: 2g

Cacahuetes asados

Tiempo de preparación: 9 minutos
Tiempo de cocción: 62 minutos
Porciones: 8

Ingredientes
- 453g de cacahuetes

Instrucciones
1. Disponga los cacahuetes en una bandeja para galletas y coloque la bandeja para galletas en la rejilla para pizzas en la posición del estante 2.
2. Seleccione el ajuste de asado en la freidora de aire y ajuste la temperatura a 260°C durante 1 hora. Pulse el botón de inicio.
3. Sirva los cacahuetes calientes.

Nutrición: Calorías: 321 Grasas: 28g Proteínas: 15g

Coliflor asada

Tiempo de preparación: 9 minutos
Tiempo de cocción: 54 minutos
Porciones: 8

Ingredientes
- 60g de mantequilla salada
- 1 cucharada de hierba de eneldo
- 1 diente de ajo
- 1 cucharada de cáscara de limón
- 1/2 cucharada de comino
- 1/4 de cucharada de sal
- 1/4 de cucharada de pimienta negra
- 1 cabeza de coliflor

Instrucciones
1. Mezclar la mantequilla, el eneldo, el diente de ajo, la ralladura de limón, el comino, la sal y la pimienta.
2. Corta la cabeza de la coliflor para que quede en posición vertical en la fuente de horno. Extiende la mezcla de mantequilla sobre ella y luego cubre la fuente con papel de aluminio.
3. Coloque la fuente de horno en la rejilla para pizzas de la freidora de aire.
4. Seleccione el ajuste de asado. Ajuste la temperatura a 176°C durante 1 hora y 15 minutos. Pulse el botón de inicio.
5. Sirva la coliflor con el jugo de coliflor.

Nutrición: Calorías 77 Grasas: 6g Proteínas: 3g

Castañas asadas

Tiempo de preparación: 19 minutos
Tiempo de cocción: 34 minutos
Porciones: 8

Ingredientes
- 453g de castañas
- 60g de mantequilla salada
- sal
- Una pizca de canela molida

Instrucciones
1. Corta media pulgada en cada lado plano de la nuez y asegúrate de que la nuez no se agriete.
2. Coloca las nueces en una fuente de horno y pon la fuente en la rejilla para pizzas de la freidora de aire.
3. Seleccione el ajuste de asado. Ajuste la temperatura a 190°C durante 30 minutos. Pulse el botón de inicio.
4. Cuando el ciclo de cocción haya terminado, coloque las nueces en una sartén con mantequilla y saltéelas a fuego alto.
5. Coloque la sartén en el horno y tueste hasta que las nueces estén doradas. Espolvorear con sal y canela y servir.

Nutrición: Calorías: 217 Grasas: 9g Proteínas: 1g

Champiñones rellenos de queso freídos al aire

Tiempo de preparación: 9 minutos
Tiempo de cocción: 15 minutos
Porciones: 5

Ingredientes:
- 227g. de champiñones frescos grandes
- 24g de queso parmesano rallado
- Sal y pimienta al gusto
- 113g de queso crema
- 31g de queso cheddar rallado
- 1 cucharadita de salsa Worcestershire
- 31g de queso cheddar blanco rallado
- 2 dientes de ajo picados

Instrucciones
1. Para prepararlo para el relleno, saque el tallo del champiñón. Pique primero el tallo y luego haga un corte circular en la región donde se encuentra el tallo. Sigue picando para poder extraer el exceso de hongos.
2. Durante 15 segundos, pon el queso crema en el microondas para que se derrita.
3. En una taza mediana, combina todos los quesos rallados, el queso crema, la pimienta, la sal y la salsa Worcestershire. Remover para mezclar.
4. Con la pasta de queso, rellenar los champiñones.
5. Dejar los champiñones a 188 grados C en la freidora de aire durante unos 8 minutos.
6. Hasta el momento de servir, dejar que los champiñones se asienten.

Nutrición: Calorías: 116 Grasas: 8g Proteínas: 8g

DESAYUNO

Cacerola de desayuno

Tiempo de preparación: 16 minutos
Tiempo de cocción: 25 minutos
Porciones: 4

Ingredientes:
- 3 cucharadas de azúcar moreno
- 62g de harina
- 1/2 cucharadita de canela en polvo
- 4 cucharadas de margarina
- 2 cucharadas de azúcar blanco

Para la cazuela
- 2 huevos
- 2-1/2 cucharadas de harina blanca
- 1 cucharadita de polvo para hornear
- 1 cucharadita de bicarbonato de sodio
- 2 cucharadas de azúcar
- 4 cucharadas de margarina
- 125ml de leche
- 128g de arándanos
- 1 cucharada de ralladura de limón

Instrucciones
1. Precaliente la freidora de aire seleccionando el modo pizza/horno.
2. Ajuste la temperatura a 149°C
3. En un recipiente, mezcle los ingredientes de la cacerola y luego viértalos en el molde de la freidora de aire.
4. En otro bol, mezcle el azúcar blanco con la harina, la margarina, el azúcar blanco y la canela.
5. Mezclar hasta conseguir una mezcla desmenuzable y extenderla sobre la mezcla de arándanos.
6. Pasar a la freidora de aire y hornear durante 30 minutos

Nutrición: Calorías: 101 Grasas: 9,4g Proteínas: 7g

Tostadas francesas

Tiempo de preparación: 9 minutos
Tiempo de cocción: 10 minutos
Porciones: 4

Ingredientes:
- 2 rebanadas de pan
- 1 cucharadita. Vainilla líquida
- 3 huevos
- 1 cucharada de margarina

Instrucciones
1. Precaliente la freidora de aire poniéndola en modo tostado/pizza.
2. Ajuste la temperatura a 190°C; inserte la bandeja para pizza.
3. En un bol, bata los huevos y la vainilla
4. Unte el pan con la margarina, páselo al huevo y deje que se empape
5. Colocar en la rejilla para pizza de la freidora de aire y programar el tiempo a 6 minutos, dar la vuelta después de 3 minutos.

Nutrición: Calorías: 99 Grasas: 0,2g Proteínas: 5g

Avena de frambuesa

Tiempo de preparación: 11 minutos
Tiempo de cocción: 30 minutos
Porciones: 4

Ingredientes:
- 80g de coco rallado
- 2 cucharaditas de estevia
- 1 cucharadita de canela en polvo
- 500ml. Leche de almendras
- 66g de frambuesas

Instrucciones
1. Mezclar todos los ingredientes en un bol
2. Verter en la bandeja de hornear de la freidora de aire
3. Pasar a la freidora de aire
4. Con el mando, seleccione el modo hornear/pizza
5. Ajuste la temperatura a 182°C.
6. Hornee durante 15 minutos
7. Servir y disfrutar

Nutrición: Calorías: 172 Grasas: 5g Proteínas: 6g

Huevo de desayuno y tomates

Tiempo de preparación: 9 minutos
Tiempo de cocción: 20 minutos
Porciones: 4

Ingredientes:
- Sal y pimienta al gusto
- 2 huevos
- 2 tomates grandes

Instrucciones
1. Precaliente la freidora de aire seleccionando el modo hornear/pizza.
2. Ajuste la temperatura a 190°C
3. Corta la parte superior de los tomates, retira con una cuchara las semillas y la pulpa.
4. Rompa el huevo en cada tomate, transfiéralo a la bandeja de hornear de la freidora de aire.
5. Hornear durante 24 minutos
6. Servir y disfrutar

Nutrición: Calorías: 95 Grasas: 5g Proteínas: 7g

Tortilla de panceta y perritos calientes

Tiempo de preparación: 9 minutos
Tiempo de cocción: 16 minutos
Porciones: 2

Ingredientes:
- 1 panceta picada
- 1/4 cucharadita de romero seco
- 2 salchichas picadas
- 1/2 cucharadita de perejil seco
- 2 cebollas pequeñas, picadas

Instrucciones
1. En un bol, cascar el huevo.
2. Añadir el resto de ingredientes y mezclar, verter en la bandeja de horno de la freidora de aire
3. Precalentar la freidora de aire seleccionando air fry
4. Ajuste la temperatura a 160°C
5. Ajuste el tiempo a 5 minutos
6. Abra la puerta y disponga el molde para hornear
7. Fría al aire durante 10 minutos
8. Servir y disfrutar

Nutrición: Calorías: 185 Grasas: 10,5g Proteínas: 15g

Tortilla de salchichas

Tiempo de preparación: 7 minutos
Tiempo de cocción: 23 minutos
Porciones: 2

Ingredientes:
- 2 salchichas picadas
- 1 cebolla amarilla
- 1 loncha de bacon
- 4 huevos

Instrucciones
1. Precaliente la freidora de aire seleccionando el modo de freír al aire
2. Ajuste la temperatura a 160°C y el tiempo a 5 minutos
3. En un bol, mezclar todos los ingredientes.
4. Verter en la bandeja de hornear de la freidora de aire
5. Pasar a la freidora de aire freidora de aire
6. Freír al aire durante 10 minutos
7. Servir y disfrutar.

Nutrición: Calorías: 156 Grasas: 21g Proteínas: 17g

Tortilla de Pepperoni

Tiempo de preparación: 6 minutos
Tiempo de cocción: 23 minutos
Porciones: 2

Ingredientes:
- 2 cucharadas de leche
- 4 huevos
- 10 rodajas de pepperoni
- Sal y pimienta negra molida al gusto

Instrucciones
1. Precaliente la freidora de aire 360 seleccionando el modo de freír al aire
2. Ajuste la temperatura a 176°C y el tiempo a 5 minutos
3. En un bol, mezclar todos los ingredientes.
4. Verter en la bandeja de hornear de la freidora de aire
5. Pasar a la freidora de aire freidora de aire
6. Freír al aire durante 12 minutos
7. Servir y disfrutar.

Nutrición: Calorías 69 Grasa: 28g Proteínas: 11g

Coles de Bruselas con queso

Tiempo de preparación: 9 minutos
Tiempo de cocción: 13 minutos
Porciones: 4

Ingredientes:
- 1 zumo de limón
- 2 cucharadas de mantequilla
- 453g de coles de Bruselas
- 3 cucharadas de parmesano rallado
- Pimienta negra y sal

Instrucciones
1. Coloca la col de Bruselas en la sartén de la freidora de aire.
2. Poner la freidora de aire en función de freír al aire.
3. Cocine durante 8 minutos a 176 grados C.
4. Calentar la mantequilla en una sartén a fuego medio, añadir la pimienta, el zumo de limón y la sal.
5. Añadir la col de Bruselas y el parmesano.
6. Servir inmediatamente.

Nutrición: Calorías: 75 Grasas: 5g Proteínas: 6g

Col picante

Tiempo de preparación: 6 minutos
Tiempo de cocción: 16 minutos
Porciones: 4

Ingredientes:
- 1 zanahoria rallada
- 1/2 cucharadita de pimienta de cayena
- 60ml de vinagre de sidra de manzana
- 1 col
- 1 cucharadita de copos de pimienta roja
- 1 cucharada de aceite de sésamo
- 60ml de zumo de manzana

Instrucciones
1. Poner la zanahoria, la cayena, la col y el aceite en la sartén de la freidora de aire.
2. Añade el vinagre, los copos de pimienta y el zumo de manzana.
3. Poner la freidora de aire en función de freír al aire.
4. Cocine durante 8 minutos a 176C
5. Servir inmediatamente

Nutrición: Calorías: 25 Grasas: 0,2g Proteínas: 2g

RECETAS DE AVES DE CORRAL

Pollo al limón

Tiempo de preparación: 19 minutos
Tiempo de cocción: 66 minutos
Porciones: 5

Ingredientes:
- 4 dientes de ajo (prensados)
- 2 cucharadas de salsa de pescado
- 1 manojo de hierba de limón (sin la parte inferior y recortada)
- 3 cucharadas de amina de coco
- 1 trozo de raíz de jengibre (pelado y picado)
- 250ml de leche de coco
- 1 cucharadita de polvo de cinco especias chinas
- 1 cucharadita de mantequilla
- 1 cebolla (picada)
- 1 cucharada de zumo de lima
- Sal y pimienta negra molida, al gusto
- 17g de cilantro picado

Instrucciones
1. En un procesador de alimentos, añadir la hierba limón, el jengibre, el ajo, el aminoácido, la salsa de pescado, las cinco especias en polvo y la leche de coco. Procese hasta que esté suave. Dejar a un lado.
2. Poner la Olla a Presión y la Freidora de Aire en Modo Saltear. Derrita la mantequilla, añada las cebollas y cocínelas durante 5 minutos o hasta que estén tiernas. Incorpore el pollo, sazone bien y cocine durante 1 minuto.
3. Añada la mezcla de hierba de limón, cubra con la tapa de la olla a presión y ajuste el Modo Aves a Presión (Corto) y cocine durante 10 minutos.
4. Suelte la presión, destape la tapa, añada el zumo de limón y sirva.

Nutrición: Calorías 400 Grasas: 18g Proteínas: 20g

Pollo a la Salsa

Tiempo de preparación: 45 minutos
Tiempo de cocción: 60 minutos
Porciones: 5

Ingredientes:
- 453g de pechuga de pollo, sin piel y sin hueso
- 1 paquete de mezcla de condimento para tacos
- 125ml de caldo de pollo
- 238g de salsa
- Sal y pimienta negra molida, al gusto
- Orégano seco

Instrucciones
1. Sazone el pollo con sal y pimienta. Colocar en la olla a presión y freidora de aire.
2. Añade la mezcla de condimentos para tacos, la salsa, el orégano y el caldo, y remueve.
3. Poner en el Modo Aves a Presión (Medio) y cocinar durante 30 minutos.
4. Alivie la presión, transfiera el pollo a un bol y desmenúcelo con un tenedor.
5. Servir y disfrutar.

Nutrición: Calorías: 290 Grasas: 3g Proteínas: 45g

Pollo y patatas

Tiempo de preparación: 15 minutos
Tiempo de cocción: 16 minutos
Porciones: 4

Ingredientes:
- 907g de muslos de pollo sin piel y sin hueso
- 907g de patatas rojas, peladas y cortadas en cuartos
- 2 cucharadas de aceite de oliva virgen extra
- 180ml de caldo de pollo
- 3 cucharadas de mostaza de Dijon
- 60ml de zumo de limón
- 1/2 cucharadita de sal
- 1/2 cucharadita de pimienta
- 2 cucharadas de condimento italiano
- 3 cucharadas de queso parmesano (rallado)

Instrucciones
1. Sazonar el pollo con sal y pimienta.
2. Ponga la olla a presión y la freidora de aire en modo saltear. Cocine el aceite, añada el pollo y cocine durante 2 minutos.
3. En un bol, añadir el caldo, la mostaza, la salsa italiana y el zumo de limón y mezclar bien.
4. Vierta la mezcla sobre el pollo, añada las patatas y remueva.
5. Ponga la Olla a Presión y la Freidora de Aire en el Modo Aves a Presión (Corto) y cocine durante 10 minutos.
6. Libere la presión, destape la olla, remueva el pollo, reparta en los platos y sirva.

Nutrición: Calorías: 220 Grasas: 6g Proteínas: 20g

Sándwiches de pollo

Tiempo de preparación: 9 minutos
Tiempo de cocción: 26 minutos
Porciones: 8

Ingredientes:
- 6 pechugas de pollo, sin piel y sin hueso
- 125ml de salsa búfalo
- 3 dientes de ajo (prensados)
- Panes de hamburguesa
- 1/2 cucharadita de ajo en polvo
- 1/2 cucharadita de cebolla en polvo
- 1/2 cucharada de vinagre
- 1 cucharada de azúcar moreno
- 1 cucharadita de sal
- 1/2 cucharadita de pimienta negra
- 1 cucharada de salsa Worcestershire
- 1/2 cucharadita de pimentón ahumado
- 250ml de agua

Instrucciones
1. En un bol, añadir la sal, la pimienta, el azúcar moreno, la cebolla en polvo, el ajo en polvo y el pimentón ahumado, y mezclar. Añade el pollo y rebózalo en la mezcla.
2. En la olla a presión y freidora de aire, añada el agua, el vinagre, el ajo y la salsa Worcestershire.
3. Coloque la rejilla sobre el líquido, añada el pollo y tape. Poner el modo de cocción en Vapor y dejar y programar el temporizador para 12 minutos.
4. Suelte la presión, destape y pase el pollo a una fuente.
5. Triturar con dos tenedores. Añadir la salsa barbacoa y mezclar.
6. Servir en los bollos.

Nutrición: Calorías: 240 Grasas: 4,6g Proteínas: 14g

Pollo marroquí

Tiempo de preparación: 14 minutos
Tiempo de cocción: 16 minutos
Porciones: 6

Ingredientes:
- 6 muslos de pollo
- 2 cucharadas de aceite de oliva virgen extra
- 10 vainas de cardamomo
- 2 cebollas (picadas)
- 2 hojas de laurel
- 1/2 cucharadita de cilantro
- 1 cucharadita de clavo de olor
- 1/2 cucharadita de jengibre molido
- 1/2 cucharadita de comino
- 1/2 cucharadita de cúrcuma
- 1/2 cucharadita de canela molida
- 1 cucharadita de pimentón
- 5 dientes de ajo, pelados y picados
- 2 cucharadas de pasta de tomate
- 60ml de vino blanco
- 190g de aceitunas verdes
- 34g de arándanos secos
- 1 cucharada de zumo de limón
- 190g de caldo de pollo
- 35g de perejil picado

Instrucciones
1. En un bol, añade el laurel, el cardamomo, el clavo, el cilantro, el jengibre, el comino, la canela, la cúrcuma y el pimentón, y mezcla.
2. Poner la Olla a Presión y Freidora en Modo Saltear, calentar el aceite, añadir los muslos de pollo y cocinar durante 3-5 minutos o hasta que estén ligeramente dorados. Retirar y dejar a un lado.

3. Añada la cebolla, el ajo y cocine durante 3-5 minutos o hasta que estén tiernos.
4. Añadir el vino, la pasta de tomate, la mezcla de hojas de laurel, el caldo y el pollo. Remover, tapar y ajustar al Modo Aves a Presión (Corto) y cocinar durante 10 minutos.
5. Alivie la presión; deseche la hoja de laurel, el cardamomo y los clavos. Añada las aceitunas, los arándanos, el zumo de limón y el perejil y remueva.
6. Servir

Nutrición: Calorías: 381 Grasas: 10,2g Proteínas: 23g

Pollo de caza

Tiempo de preparación: 11 minutos
Tiempo de cocción: 14 minutos
Porciones: 4

Ingredientes:
- 8 muslos de pollo
- 250ml de caldo de pollo
- 35g de apio picado
- 1/4 cucharadita de escamas de pimienta roja
- 1/2 cucharadita de sal
- 1/2 cucharadita de pimienta negra molida
- 1 cucharadita de ajo en polvo
- 113g. de champiñones en rodajas
- 2 cucharadas de aceite de oliva
- 180ml de agua
- 2 dientes de ajo (picados)
- 1 cebolla picada
- 2 cubos de caldo de pollo (desmenuzados)
- 1 lata (397g.) de tomates triturados
- 1 cucharadita de orégano seco

Instrucciones
1. Lavar el pollo y luego secarlo con una toalla de papel.
2. Ponga la olla a presión y la freidora de aire en modo saltear. Cocine el aceite, añada el pollo y dórelo durante 3-5 minutos por cada lado. Retirar y dejar a un lado.
3. Añada las cebollas, el apio, el ajo y los champiñones y cocine durante 5 minutos o hasta que estén blandos. Incorpore el pollo y el resto de los ingredientes, excepto las hojuelas de pimiento rojo. Ajuste el modo de cocción al vapor y cocine durante 10 minutos.
4. Servir y sazonar con las escamas de pimienta.

Nutrición: Calorías: 360 Grasas: 24,9g Proteínas: 25,9g

Alitas de pollo a la barbacoa con miel

Tiempo de preparación: 11 minutos
Tiempo de cocción: 24 minutos
Porciones: 4

Ingredientes:
- 907g de alitas de pollo
- 180ml de salsa barbacoa de miel
- 1/2 cucharadita de pimienta de cayena
- Sal y pimienta negra molida, al gusto
- 125ml de jugo de manzana
- 2 cucharaditas de pimentón
- 1 cucharadita de copos de pimienta roja
- 1/2 cucharadita de albahaca seca
- 125ml de agua
- 106g de azúcar moreno

Instrucciones
1. Coloca las alitas de pollo en la olla a presión y freidora de aire ; añade todos los demás ingredientes y remueve.
2. Poner en el Modo Aves a Presión (Corto) y cocinar durante 10 minutos.
3. Alivie la presión y destape la olla.
4. Sirva las alitas de pollo con la salsa.

Nutrición: Calorías: 197,5 Grasas: 2,2g Proteínas: 21,8g

Nuggets de pollo empanados dorados

Tiempo de preparación: 9 minutos
Tiempo de cocción: 12 minutos
Porciones: 4

Ingredientes:

- 1 huevo, batido
- 31g de harina para todo uso
- 126g de pan rallado sazonado
- 1 cucharada de aceite de oliva
- 1½ libras (680 g) de pechugas de pollo, cortadas en trozos pequeños

Instrucciones

1. Ajuste la freidora de aire a 380°F (193°C).
2. Mezclar el huevo y la harina. En un bol aparte, batir el pan rallado, el aceite de oliva, la sal y la pimienta negra.
3. Sumergir las pechugas de pollo en la mezcla de huevo. A continuación, pasar las pechugas de pollo por la mezcla de pan rallado.
4. Colocar las pechugas de pollo en la bandeja de crispar.
5. Coloque la bandeja de crispar en la posición correspondiente de la freidora de aire. Seleccione Freír al Aire y cocine el pollo durante 12 minutos, dándoles la vuelta a mitad del tiempo de cocción.
6. ¡Buen provecho!

Nutrición: Calorías: 259 Grasas: 20g Proteínas: 32g

RECETAS DE CARNE DE RES

Bistec con tapiña de aceitunas

Tiempo de preparación: 11 minutos
Tiempo de cocción: 22 minutos
Porciones: 4

Ingredientes:
Bistec
- 567g de solomillo
- 1 cucharada de aceite de oliva
- Sal y pimienta al gusto

Tapenade
- 35g de cebolla roja picada
- 1 diente de ajo picado
- 1 pimiento verde picado
- 1 cucharada de perejil fresco picado
- 2 cucharadas de alcaparras
- 190g de aceitunas Kalamata, sin hueso y en rodajas
- 2 cucharadas de aceite de oliva
- 3 cucharadas de zumo de limón
- Sal y pimienta al gusto

Instrucciones
1. Prepare la freidora de aire a 204 grados C durante 5 minutos.
2. Unte los filetes con aceite.
3. Sazonar con sal y pimienta.
4. Añadir al horno de la freidora de aire.
5. Elegir la opción de freír al aire.
6. Cocinar los filetes de 5 a 6 minutos por lado.
7. Mezclar los ingredientes del tapenade.
8. Servir el filete con el tapenade.

Nutrición: Calorías: 277 Grasa: 14g Proteínas: 23g

Ensalada de carne

Tiempo de preparación: 31 minutos
Tiempo de cocción: 60 minutos
Porciones: 4

Ingredientes:
Bistec

- 2 filetes de costilla, cortados en tiras
- 2 cucharaditas de ajo picado
- 60ml de salsa de soja
- 89g de miel
- 60ml de bourbon
- 60ml de salsa Worcestershire
- 53g de azúcar moreno
- 1/2 cucharadita de copos de pimienta roja

Ensalada

- 120g de lechuga romana
- 17g de cebollas rojas, cortadas en rodajas
- 1/2 pepino, cortado en dados
- 211g de tomates cherry, cortados por la mitad
- 119g queso mozzarella rallado

Instrucciones

1. Añadir los filetes a un bol.
2. En otro bol, mezclar los ingredientes de los filetes.
3. Verter la mezcla en las tiras de filete.
4. Enfriar para que se marinen durante 1 hora.
5. Prepare su freidora de aire a 204 grados C durante 5 minutos.
6. Seleccione la opción de freír al aire.
7. Cocine las tiras de filete durante 5 minutos por lado.
8. Mezclar los ingredientes de la ensalada en un bol grande.
9. Cubrir con las tiras de filete.

Nutrición: Calorías: 281 Grasa: 19g Proteínas: 31g.

Albóndigas

Tiempo de preparación: 9 minutos
Tiempo de cocción: 8 minutos
Porciones: 4

Ingredientes:

- 226g de carne molida
- 70g de carne de cerdo molida
- 1 cebolla picada
- 2 dientes de ajo, picados
- 2 cucharaditas de albahaca seca
- 2 cucharaditas de orégano seco
- 2 cucharaditas de perejil seco
- 126g de pan rallado
- 1 huevo batido
- 124g de queso parmesano
- Sal y pimienta al gusto
- Spray para cocinar

Instrucciones

1. Combinar todos los ingredientes
2. Mezclar bien.
3. Formar bolas con la mezcla.
4. Rociar con aceite.
5. Añadir las albóndigas al horno de la freidora de aire.
6. Elegir la opción de freír al aire.
7. Cocine a 176 grados C durante 4 minutos por lado.

Nutrición: Calorías: 251 Grasa: 15g Proteínas: 28g.

Enchilada de ternera

Tiempo de preparación: 4 minutos
Tiempo de cocción: 16 minutos
Porciones: 2

Ingredientes:
- 120g de carne molida magra, cocida
- 2 cucharaditas de condimento para tacos
- 53g de tomates picados
- 44g de frijoles negros
- 59g de salsa para enchiladas
- 2 tortillas

Instrucciones
1. Sazona la carne picada con el condimento para tacos.
2. Mezclar con los tomates y los frijoles negros.
3. Cubrir las tortillas con la mezcla de carne.
4. Espolvorear el queso por encima.
5. Enrollar las tortillas.
6. Colocar en la freidora de aire.
7. Pincelar con la salsa para enchiladas.
8. Seleccionar la posición de freír al aire.
9. Cocinar a 176C durante 10 minutos por ambos lados.

Nutrición: Calorías: 281 Grasa: 15g Proteínas: 22g.

Filete de costilla

Tiempo de preparación: 9 minutos
Tiempo de cocción: 11 minutos
Porciones: 2

Ingredientes:
- 2 filetes de costilla
- 2 cucharadas de mantequilla derretida
- Sal y pimienta al gusto

Instrucciones
1. Untar los filetes con mantequilla derretida.
2. Sazonar con sal y pimienta.
3. Precaliente el horno de su freidora de aire a 204 grados C.
4. Añada los filetes al horno de la freidora de aire.
5. Póngalo a freír con aire.
6. Cocine a 5 minutos por lado.

Nutrición: Calorías: 255 Grasa: 14g Proteínas: 22g.

Teriyaki de ternera

Tiempo de preparación: 4 minutos
Tiempo de cocción: 16 minutos
Porciones: 2

Ingredientes:
- 1 cucharada de salsa de soja
- 2 cucharadas de aceite de oliva
- Pimienta al gusto
- 453g de solomillo, cortado en tiras
- 1 cebolla, cortada en rodajas
- 1 pimiento rojo, cortado en tiras
- 1 pimiento verde, cortado en tiras
- 1 pimiento amarillo, cortado en tiras
- 250ml de salsa teriyaki

Instrucciones
1. Mezclar en un bol la salsa de soja, el aceite de oliva y la pimienta.
2. Rellenar la mitad de la mezcla en otro bol.
3. Incorporar las tiras de filete en el primer bol.
4. Añade la cebolla y los pimientos al otro bol.
5. Prepara tu freidora de aire a 204C.
6. Añade el filete y las verduras a la bandeja de la freidora de aire.
7. Seleccione el ajuste de asado.
8. Cocine de 5 a 7 minutos.
9. Incorporar la salsa teriyaki.
10. Cocine durante otros 2 minutos.

Nutrición: Calorías: 258 Grasas: 19g Proteínas: 27g.

Bistec de Nueva York

Tiempo de preparación: 4 minutos
Tiempo de cocción: 16 minutos
Porciones: 2

Ingredientes:
- 2 filetes de Nueva York
- Sal y pimienta
- 2 cucharadas de aceite de oliva
- Mantequilla con hierbas
- 119g de mantequilla
- 1 cucharadita de ajo picado
- 1 cucharadita de zumo de limón
- 1 cucharada de romero picado
- 1 cucharada de perejil picado
- 1 cucharadita de tomillo picado
- Sal y pimienta al gusto

Instrucciones
1. Combinar los ingredientes de la mantequilla de hierbas en un bol.
2. Formar un tronco con la mezcla. Envolver con plástico.
3. Refrigerar durante 1 hora.
4. Espolvorear ambos lados de los filetes con sal y pimienta.
5. Prepare su freidora de aire a 204C durante 5 minutos.
6. Elija la posición de freír al aire.
7. Cocine los filetes durante 5 minutos por lado.
8. Cubra con el trozo de mantequilla y deje que la mantequilla se derrita antes de servir.

Nutrición: Calorías: 277 Grasas: 14g Proteínas: 30g.

Mordiscos de bistec

Tiempo de preparación: 9 minutos
Tiempo de cocción: 8 minutos
Porciones: 4

Ingredientes:
- 453g de carne, cortada en cubos
- Aliño para el bistec
- 1 cucharada de aceite de oliva
- 1 cucharadita de cebolla en polvo
- 1 cucharadita de ajo en polvo
- 1 cucharadita de condimento Montreal para bistecs
- 1/2 cucharadita de pimienta de cayena
- Sal y pimienta al gusto

Instrucciones
1. Seleccione el ajuste de asado en su horno de freír al aire.
2. Precaliente el horno de su freidora de aire a 204 grados C.
3. Mezcle el aceite de oliva, la cebolla en polvo, el ajo en polvo, el condimento para carne, la pimienta de cayena, la sal y la pimienta.
4. Frote el filete con la mezcla.
5. Añade los filetes al horno de la freidora de aire.
6. Cocinar durante 5 minutos.
7. Gire y cocine durante otros 3 minutos.

Nutrición: Calorías: 279 Grasa: 19g Proteínas: 32g.

RECETAS CON CERDO

Lechón Kawali

Tiempo de preparación: 9 minutos
Tiempo de cocción: 30 minutos
Porciones: 4

Ingredientes:

- 454 g de panza de cerdo, cortada en tres trozos gruesos
- 6 dientes de ajo
- 2 hojas de laurel
- 2 cucharadas de salsa de soja
- 1 cucharadita de sal kosher
- 1 cucharadita de pimienta negra molida
- 750ml de agua
- Spray de cocina

Instrucciones

1. Poner todos los ingredientes en una olla a presión, luego poner la tapa y cocinar a fuego alto durante 15 minutos.
2. Naturalmente, libera la presión y suelta lo que queda, transfiere la panza de cerdo tierna sobre una superficie de trabajo limpia. Deje que se enfríe a temperatura ambiente hasta que pueda manipularla.
3. Rocíe generosamente la cesta de freír al aire con spray de cocina.
4. Corta cada trozo en dos rodajas y pon las rodajas de cerdo en la cesta.
5. 5. Pulsa Air Frysuperconve. Ajuste la temperatura a 204°C y haga clic en tiempo a 15 minutos. Selecciona Start/Stop para precalentar.
6. Cuando haya terminado, sitúe la cesta en posición de freír al aire.
7. Después de 7 minutos, retire la cesta del horno. Déle la vuelta a la carne de cerdo. Vuelva a colocar la cesta en el horno y continúe la cocción.
8. Al finalizar la cocción, la grasa del cerdo debe estar crujiente.
9. Servir inmediatamente.

Nutrición: Calorías 339 Grasas: 31g Proteínas: 20g

Schnitzel de lomo de cerdo al limón

Tiempo de preparación: 15 minutos
Tiempo de cocción: 16 minutos, Porciones: 4
Ingredientes:
- 4 chuletas finas de lomo deshuesadas
- 2 cucharadas de zumo de limón
- 62g de harina
- ¼ de cucharadita de mejorana
- 1 cucharadita de sal
- 126g de pan rallado panko
- 2 huevos
- Gajos de limón, para servir
- Spray para cocinar

Instrucciones
1. En una superficie de trabajo limpia, rociar las chuletas de cerdo con zumo de limón por ambos lados.
2. Mezclar la harina con la mejorana y la sal en un plato llano. Vierta el pan rallado en otro plato llano. Batir los huevos en un bol grande.
3. Rebozar las chuletas de cerdo en la harina y luego sumergirlas en los huevos batidos para cubrirlas bien. Sacudir el exceso y pasarlas por el pan rallado. Colocar las chuletas de cerdo en la cesta de freír al aire y rociarlas con spray de cocina.
4. 4. Pulsa Air Fry. Selecciona la temperatura a 204°C y ajusta el tiempo a 15 minutos. Haga clic en Start/Stop para comenzar el precalentamiento.
5. Una vez hecho esto, ponga la cesta en posición de freír al aire.
6. Después de 7 minutos, retire la cesta del horno. Déle la vuelta a la carne de cerdo. Vuelva a colocar la cesta en el horno y continúe la cocción.
7. Cuando la cocción esté completa, la carne de cerdo debe estar crujiente y dorada.
8. Exprimir los trozos de limón sobre las chuletas fritas y servir inmediatamente.

Nutrición: Calorías 322 Grasa: 31g Proteínas: 20g

Brochetas de cerdo y verduras con pimentón ahumado

Tiempo de preparación: 25 minutos
Tiempo de cocción: 16 minutos
Porciones: 4

Ingredientes:
- 1 libra (454 g) de lomo de cerdo, cortado en cubos
- 1 cucharadita de pimentón ahumado
- Sal y pimienta negra molida, al gusto
- 1 pimiento verde, cortado en trozos
- 1 calabacín cortado en trozos
- 1 cebolla roja, cortada en rodajas
- 1 cucharada de orégano
- Spray para cocinar

Instrucciones
1. Engrase la cesta de freír al aire con spray de cocina.
2. Ponga la carne de cerdo en un bol y sazone con el pimentón ahumado, la sal y la pimienta negra. Ensartar los dados de cerdo sazonados y las verduras alternativamente en las brochetas empapadas. Disponga las brochetas en la cesta.
3. Haga clic en Air Fry. Ajuste la temperatura a 176°C y luego la alarma a 15 minutos. Seleccione Inicio/Parada para comenzar el precalentamiento.
4. Una vez hecho esto, sitúe la cesta en posición de freír al aire.
5. Después de 7 minutos, retire la cesta del horno. Dé la vuelta a las brochetas de cerdo. Vuelva a colocar la cesta en el horno y continúe la cocción.
6. Cuando termine la cocción, la carne de cerdo debe estar dorada y las verduras tiernas.
7. Pase las brochetas a los platos de servir y espolvoree con orégano. Servir caliente.

Nutrición: Calorías 338 Grasas: 32g Proteínas: 20g

Pinchos de cerdo, pimiento y piña

Tiempo de preparación: 9 minutos
Tiempo de cocción: 12 minutos
Porciones: 4

Ingredientes:
- ¼ de cucharadita de sal kosher
- 1 lomo de cerdo mediano (aproximadamente 454 g), cortado en trozos de 3.8cm
- 1 pimiento rojo y verde cortado en trozos de 2.5cm
- 360g de trozos de piña fresca
- 180ml de salsa Teriyaki o una variedad comprada en la tienda, dividida

Instrucciones
1. Espolvorear los cubos de cerdo con la sal.
2. Ensartar la carne de cerdo, los pimientos y la piña en una brocheta. Repita la operación hasta completar todas las brochetas. Unte las brochetas generosamente con la mitad de la salsa Teriyaki. Colócalas en la bandeja.
3. Selecciona Asar, ajusta la temperatura a 375°F (190°C) y el tiempo a 10 minutos. Selecciona Inicio/Parar para comenzar el precalentamiento.
4. Una vez que el aparato se haya precalentado, coloque la sartén en la posición de asado.
5. Después de 6 minutos, saque la bandeja del horno. Dé la vuelta a las brochetas y úntelas con la mitad restante de la salsa Teriyaki. Vuelva a meter la sartén en el horno y continúe la cocción hasta que las verduras estén tiernas y doradas en algunas partes y la carne de cerdo esté dorada y hecha.
6. Saque la sartén y sirva.

Nutrición: Calorías 325 Grasa: 24g Proteínas: 22g

RECETAS DE MARISCOS

Gambas a la plancha

Tiempo de preparación: 10 minutos
Tiempo de cocción: 1 hora y 30 minutos
Porciones: 4

Ingredientes:

- 453g de camarones crudos, pelados y desvenados
- 2 cucharadas de mantequilla
- 2 cucharadas de aceite de oliva
- 125ml de vino blanco para cocinar
- 60ml de caldo de pollo
- 1 cucharada de zumo de limón fresco
- 2 cucharadas de perejil fresco picado
- 1 cucharada de ajo picado
- Pimienta
- Sal

Instrucciones:

1. Añade el caldo, el zumo de limón, el perejil, el ajo, la mantequilla, el aceite de oliva, el vino, la pimienta y la sal en la olla.
2. Añade las gambas y remueve bien y cubre la olla holandesa con una tapa.
3. Inserte la rejilla para pizza en la posición 6 del estante.
4. Coloque el horno holandés sobre la rejilla para pizza.
5. Seleccione el modo de cocción lenta. Ajuste la temperatura a 107 C y el temporizador a 1 hora y 30 minutos. Pulse el botón de inicio.
6. Remueva bien y sirva.

Nutrición: Calories 255 Fat 14.8g Protein 26.4g

Salmón de hierbas

Tiempo de preparación: 10 minutos
Tiempo de cocción: 5 minutos
Porciones: 2

Ingredientes:
- 2 filetes de salmón
- 1 cucharadita de hierba de Provenza
- 1 cucharada de mantequilla derretida
- 2 cucharadas de aceite de oliva
- Pimiento
- sal

Instrucciones:
1. Untar los filetes de salmón con aceite y espolvorear con hierbas de Provenza, pimienta y sal.
2. Colocar los filetes de salmón en la bandeja de crujientes.
3. Colocar la bandeja de goteo debajo del fondo de la freidora de aire.
4. Inserte la bandeja del crispar en la posición del estante 4.
5. Seleccione el modo de freír al aire. Ajuste la temperatura a 199 C y el temporizador a 5 minutos. Pulse el botón de inicio.
6. Rocíe mantequilla sobre el salmón y sirva.

Nutrición: Calorías 410 Grasas 31g Proteínas 35,1g

Pasteles de salmón

Tiempo de preparación: 10 minutos
Tiempo de cocción: 7 minutos
Porciones: 2

Ingredientes:
- 226g de filete de salmón, picado
- 1 huevo, ligeramente batido
- 1/4 cucharadita de ajo en polvo
- Pimienta
- Sal

Instrucciones:
1. Añade todos los ingredientes en el bol y mézclalos hasta que estén bien combinados.
2. Haz pequeñas hamburguesas con la mezcla de salmón y colócalas en una bandeja para crispar.
3. Coloque la bandeja de goteo debajo del fondo de la freidora de aire.
4. Introduzca la bandeja de crispar en la posición del estante 4.
5. Seleccione el modo de freír al aire. Ajuste la temperatura a 199 C y el temporizador a 7 minutos. Pulse el botón de inicio.
6. Sirva y disfrute.

Nutrición: Calorías 183 Grasas 9,2g Proteínas 24,8g

Salmón con zanahorias

Tiempo de preparación: 10 minutos
Tiempo de cocción: 20 minutos
Porciones: 4

Ingredientes:
- 453g de salmón, cortado en cuatro trozos
- 260g de zanahorias pequeñas
- 2 cucharadas de aceite de oliva
- Sal

Instrucciones:
1. Colocar los trozos de salmón en el centro de la bandeja del horno.
2. En un bol, mezclar las zanahorias baby y el aceite de oliva.
3. Disponer la zanahoria alrededor del salmón.
4. Seleccione el modo de hornear. Ajuste la temperatura a 218 C y el temporizador a 20 minutos. Pulse el botón de inicio.
5. Deje que la freidora de aire se precaliente y luego inserte la rejilla para pizza en la posición del estante 5.
6. Coloque la bandeja para hornear en la rejilla para pizza y cocine.
7. Sazone con sal y sirva.

Nutrición: Calorías 212 Grasas 14g Proteínas 22g

Salmón de Romero

Tiempo de preparación: 10 minutos
Tiempo de cocción: 15 minutos
Porciones: 4

Ingredientes:
- 453g salmón, cortado en 4 trozos
- 1/4 de cucharadita de albahaca seca
- 1 cucharada de cebollino seco
- 1 cucharada de aceite de oliva
- 1/2 cucharada de romero seco
- Pimiento
- Sal

Instrucciones:
1. Colocar los trozos de salmón con la piel hacia abajo en la bandeja de crispar.
2. En un bol pequeño, mezclar el aceite de oliva, la albahaca, el cebollino y el romero.
3. Pincelar el salmón con la mezcla de aceite.
4. Coloque la bandeja de goteo debajo del fondo de la freidora de aire.
5. Inserte la bandeja de crujientes en la posición del estante 4.
6. Seleccione el modo de freír al aire. Ajuste la temperatura a 204 C y el temporizador a 15 minutos. Pulse el botón de inicio.
7. Servir y disfrutar.

Nutrición: Calorías 182 Grasas 10,6g Proteínas 22g

RECETAS DE VERDURAS Y GUARNICIONES

Calabacines a la parmesana fritos al aire

Tiempo de preparación: 10 minutos
Tiempo de cocción: 30 minutos
Porciones: 4

Ingredientes:
- 1 cucharada de aceite de oliva
- 1 cucharada de mantequilla derretida
- 1 cucharadita de zumo de limón
- 1 cucharadita de albahaca seca
- 1 cucharadita de perejil seco
- 24g de queso parmesano rallado
- 1 cucharadita de condimento italiano
- 1 cucharadita de ralladura de limón
- 2 calabacines, cortados en rodajas

Instrucciones
1. Combinar todos los ingredientes en un bol.
2. Mezclar los calabacines para cubrirlos uniformemente con la salsa y las hierbas.
3. Colocar la mezcla de calabacín encima de una lámina de papel de aluminio.
4. Doblar y sellar.
5. Colocar el paquete de papel de aluminio en la bandeja para crispar al aire.
6. Póngalo a freír al aire.
7. Fría al aire a 176 grados C durante 30 minutos.

Nutrición Calorías 105 Grasas 7,7g Proteínas 11,5g

Brócoli Rabe asado

Tiempo de preparación: 10 minutos
Tiempo de cocción: 8 minutos
Porciones: 4

Ingredientes:
- 300g de brócoli Rabe
- 2 cucharadas de aceite de oliva
- 1 cucharada de zumo de limón
- 1 cucharadita de ajo en polvo
- 1 cucharada de queso parmesano rallado
- 1/2 cucharadita de copos de pimienta roja
- Sal y pimienta al gusto

Instrucciones
1. Mezclar el brócoli con el aceite y el zumo de limón.
2. En un bol, mezclar el resto de los ingredientes.
3. Espolvorear la mezcla por todo el brócoli rabe.
4. Añade el brócoli rabe al horno de la freidora de aire.
5. Elija la función de freír con aire.
6. Cocine a 176 grados C durante 5 a 8 minutos.

Nutrición Calorías 109 Grasas 9g Proteínas 9g

Ajo asado

Tiempo de preparación: 7 minutos
Tiempo de cocción: 11 minutos
Porciones: 5

Ingredientes:
- 120g de dientes de ajo pelados
- 3 cucharadas de aceite de oliva
- Sal y pimienta al gusto

Instrucciones
1. Rociar el ajo con aceite.
2. Sazonar con sal y pimienta.
3. Envolver con papel de aluminio.
4. Colocar en la bandeja de crispar al aire.
5. Elija el ajuste de freír con aire.
6. Cocine a 188 grados C durante 15 minutos.

Nutrición Calorías 84 Grasas 7,7g Proteínas 14g

Chuletas de berenjena

Tiempo de preparación: 10 minutos
Tiempo de cocción: 7 minutos
Porciones: 4-6

Ingredientes:
- 1 berenjena en rodajas
- Sal al gusto
- 1 huevo batido
- 60ml de leche
- 126g de pan rallado

Instrucciones
1. Espolvorear las berenjenas con sal.
2. Dejarla reposar durante 10 minutos.
3. Dale la vuelta y espolvorea el otro lado con sal.
4. Añade el pan rallado a un bol.
5. Batir los huevos y la leche en otro bol.
6. Sumergir las berenjenas en la mezcla de huevos.
7. Pasar por el pan rallado.
8. Añadir a la bandeja de crispar al aire.
9. Seleccionar el ajuste de freír al aire.
10. Cocine a 160 grados C durante 5 minutos.
11. Dar la vuelta y cocinar durante otros 2 minutos.

Nutrición Calorías 147 Grasas 9g Proteínas 14g

Frijoles de cera con limón

Tiempo de preparación: 6 minutos
Tiempo de cocción: 14 minutos
Porciones: 3

Ingredientes:
- 907 g de judías de cera
- 2 cucharadas de aceite de oliva virgen extra
- ½ zumo de limón

Instrucciones
1. Prepara una bandeja de horno con papel de aluminio.
2. Echar las judías de cera con el aceite de oliva en un bol grande. Espolvorear ligeramente con sal y pimienta.
3. Disponer las judías de cera en la bandeja.
4. Pulsa Asar, ajusta la temperatura a 204°C y luego la alarma a 12 minutos. Pulsa Iniciar/Parar para comenzar el precalentamiento.
5. Una vez precalentado, sitúe la bandeja para hornear en posición de asado.
6. Cuando estén hechas, las judías estarán caramelizadas y tiernas. Sacar del horno a un plato y servir rociadas con el zumo de limón.

Nutrición Calorías 211 Grasas 75g Proteínas 82g

Coles de Bruselas con tomates

Tiempo de preparación: 11 minutos
Tiempo de cocción: 31 minutos
Porciones: 5

Ingredientes:
- 1 lb. (454 g) de coles de Bruselas
- 1 cucharada de aceite de oliva virgen extra
- 28g de tomates secos
- 2 cucharadas de zumo de limón
- 1 cucharadita de ralladura de limón

Instrucciones
1. Prepara una bandeja de horno grande con papel de aluminio.
2. Echa las coles de Bruselas con el aceite de oliva. Sazona con sal y pimienta negra.
3. Dispón las coles de Bruselas en una sola capa en la bandeja de horno.
4. Pulsa Asar, ajusta la temperatura a 204°C y luego la alarma a 20 minutos. Pulsa Iniciar/Parar para precalentar.
5. Una vez calentado, sitúe la bandeja de hornear en posición de asado.
6. Cuando estén hechas, las coles de Bruselas deben estar caramelizadas. Retira del horno y añade los tomates, el zumo de limón y la ralladura de limón. Servir.

Nutrición Calorías 117 Grasas 31g Proteínas 48g

Granola de nueces con jarabe de arce

Tiempo de preparación: 9 minutos
Tiempo de cocción: 20 minutos
Porciones: 4

Ingredientes:
- 143g de copos de avena
- 137g de sirope de arce
- 39g de trozos de nuez
- 1 cucharadita de extracto de vainilla
- ½ cucharadita de canela molida

Instrucciones
1. Forrar una bandeja para hornear con papel pergamino.
2. Mezclar la avena, el sirope de arce, los trozos de nuez, la vainilla y la canela en un bol grande y remover hasta que la avena y los trozos de nuez estén completamente cubiertos. Extiende la mezcla de manera uniforme en la bandeja para hornear.
3. Selecciona Hornear, , ajusta la temperatura a 300°F (150°C), y ajusta el tiempo a 20 minutos. Selecciona Iniciar/Parar para comenzar el precalentamiento.
4. Una vez precalentado, coloque la bandeja de hornear en la posición de horneado. Remueva una vez a la mitad del tiempo de cocción.
5. Cuando esté hecho, retírelo del horno y déjelo enfriar durante 30 minutos antes de servirlo. La granola puede estar todavía un poco blanda justo después de sacarla, pero se irá endureciendo poco a poco a medida que se enfríe.

Nutrición Calorías 117 Grasas 7g Proteínas 11g

Brócoli con salsa

Tiempo de preparación: 11 minutos
Tiempo de cocción: 22 minutos, Porciones: 4
Ingredientes:
- ½ cucharadita de aceite de oliva, más para engrasar
- 1 libra (454 g) de brócoli fresco, cortado en ramilletes
- ½ cucharada de ajo picado
- Sal, al gusto

Salsa:
- 1½ cucharadas de salsa de soja
- 2 cucharaditas de salsa picante o sriracha
- 1½ cucharaditas de miel
- 1 cucharadita de vinagre blanco

Instrucciones
1. Unte la cesta de freír al aire con aceite de oliva.
2. Añade los ramilletes de brócoli, ½ cucharadita de aceite de oliva y el ajo a un bol grande y remueve bien. Sazone con sal al gusto.
3. Poner el brócoli en la cesta de freír en una sola capa.
4. Selecciona Freír al Aire, ajusta la temperatura a 205°C (400°F), y ajusta el tiempo a 15 minutos. Selecciona Iniciar/Parar para comenzar el precalentamiento.
5. Una vez precalentado, sitúe la cesta de freír al aire en la posición de freír al aire. Remueva los ramilletes de brócoli tres veces durante la cocción.
6. Mientras tanto, bate todos los ingredientes de la salsa en un bol pequeño hasta que estén bien incorporados. Si la miel no se incorpora bien, calienta la salsa en el microondas de 10 a 20 segundos hasta que la miel se derrita.
7. Cuando termine la cocción, el brócoli debe estar ligeramente dorado y crujiente. Continuar la cocción durante 5 minutos, si se desea. Sacar del horno y ponerlo en una bandeja para servir. Verter sobre la salsa y mezclar para combinar. Añadir más sal y pimienta, si es necesario. Servir caliente.

Nutrición Calorías 127 Grasas 14g Proteínas 21g

RECETAS DE POSTRES

Brownies de mantequilla de cacao

Tiempo de preparación: 9 minutos
Tiempo de cocción: 21 minutos
Porciones: 6

Ingredientes:
- 1 barrita de mantequilla derretida
- 212g de azúcar moreno
- 2 huevos
- 94g de harina para todo uso
- ½ cucharadita de levadura en polvo
- 26g de cacao en polvo
- 2 cucharadas de aceite de coco
- 1 cucharadita de extracto de coco
- Una pizca de sal marina

Instrucciones
1. Comience precalentando la freidora de aire a 340°F (171°C).
2. Rocía los lados y el fondo de un molde para hornear con spray antiadherente para cocinar.
3. En un cuenco, batir la mantequilla derretida y el azúcar hasta que quede esponjoso. A continuación, incorporar los huevos y batir de nuevo hasta que estén bien combinados.
4. A continuación, añada el resto de los ingredientes. Mezclar hasta que todo esté bien incorporado. Pasar al molde para hornear.
5. Coloque la bandeja de hornear en la posición correspondiente de la freidora de aire. Seleccionar "Hornear" y cocinar durante 20 minutos. Disfrute.

Nutrición Calorías 97 Grasas 7g Proteínas 11g

Tazas de panqueque de vainilla

Tiempo de preparación: 9 minutos
Tiempo de cocción: 6 minutos
Porciones: 4

Ingredientes:
- 62g de harina
- 2 huevos
- 80ml de leche de coco
- 1 cucharada de aceite de coco derretido
- 1 cucharadita de pasta de vainilla
- ¼ cucharadita de canela molida
- Una pizca de cardamomo molido

Instrucciones
1. Comience por precalentar la freidora de aire a 330°F (166°C).
2. Mezclar todos los ingredientes hasta que estén bien combinados.
3. Dejar reposar la masa durante 20 minutos. Vierta la masa en un molde para magdalenas engrasado. Pasar al molde para hornear.
4. Coloque el molde en la posición correspondiente de la freidora de aire. Seleccione "Hornear" y cocine de 4 a 5 minutos o hasta que se dore. Sirva con los aderezos que desee.
5. ¡Buen provecho!

Nutrición Calorías 114 Grasas 14g Proteínas 25g

Manzanas al horno con nueces

Tiempo de preparación: 9 minutos
Tiempo de cocción: 17 minutos
Porciones: 4

Ingredientes:
- 2 manzanas medianas
- 4 cucharadas de nueces picadas
- 4 cucharadas de pasas sultanas
- 2 cucharadas de mantequilla, a temperatura ambiente
- ½ cucharadita de canela
- ¼ cucharadita de nuez moscada rallada

Instrucciones
1. Comience precalentando la freidora de aire a 340°F (171°C).
2. Corta las manzanas por la mitad y saca con una cuchara parte de la pulpa.
3. En un bol, mezcle bien el resto de los ingredientes. Rellene las mitades de las manzanas y páselas a la bandeja del horno. Vierta 60ml de agua en el molde.
4. Coloque el molde en la posición correspondiente de la freidora. Seleccione "Hornear" y cocine las manzanas durante 17 minutos. Servir a temperatura ambiente. ¡Buen provecho!

Nutrición Calorías 106 Grasas 7g Proteínas 17g

Bollos de mantequilla de pasas

Tiempo de preparación: 11 minutos
Tiempo de cocción: 16 minutos
Porciones: 5

Ingredientes:
- 125g de harina de uso general
- ½ cucharadita de levadura en polvo
- 56g de azúcar granulada
- 2 cucharadas de pasas
- Una pizca de sal marina gruesa
- Una pizca de nuez moscada rallada
- 1 cucharadita de ralladura de limón
- 1 cucharadita de extracto de vainilla
- 60g de mantequilla fría
- 2 huevos batidos

Instrucciones
1. Comience por precalentar la freidora de aire a 360°F (182°C).
2. Mezclar todos los ingredientes hasta que todo esté bien incorporado. Con una cuchara, vierta la masa en los moldes para hornear; baje los moldes a la bandeja para hornear.
3. Coloque el molde en la posición correspondiente de la freidora. Seleccione Hornear y cocine los bollos durante unos 17 minutos o hasta que un probador salga seco y limpio.
4. ¡Buen provecho!

Nutrición Calorías 109 Grasas 8g Proteínas 11,5g